DU PRINCIPE

ET DE

L'OBSTINATION DES JACOBINS,

EN RÉPONSE

AU SÉNATEUR GRÉGOIRE.

Par l'Abbé BARRUEL.

Quoi ! du jacobinisme encore ! et du jacobinisme le plus pur, au moment même où la France se flattait d'avoir enfin trouvé le terme des désastres et des forfaits qu'elle doit à la secte infernale ! Il est donc des hommes tellement obstinés dans les erreurs les plus dangereuses en politique, comme en religion, que ni l'expérience, ni la raison ne peuvent les en désabuser ; tellement déhontés, qu'il faut absolument qu'ils se montrent et viennent encore nous haranguer, au moment même où il leur conviendrait si bien de se cacher et de se taire !

A ces traits reconnaissez un homme qui, aujourd'hui encore, a le front de se dire *ancien évêque de Blois*, quoique les décisions des conciles et des papes l'avertissent depuis si long-temps qu'il n'a jamais été que l'évêque du schisme et de l'intrusion. Reconnaissez sur-tout le monstrueux jacobin qui, au pied de ses *arbres* d'une prétendue *liberté*, ne rougissait pas de crier à la France, que les trois grands *sujets d'alégresse* pour une nation, étaient la *cessation d'une peste*, la *mort d'une bête féroce* et celle *d'un roi*. Oui, c'est ce même homme qui saisit l'instant même où la France, dans les transports de la joie la plus juste, célèbre le rétablissement de son antique monarchie, pour s'afficher encore *républicain d'esprit et de cœur*; c'est lui qui prend encore le ton d'un pédant philosophe et d'un grand publiciste, pour proclamer de nouveau le principe fondamental d'une secte à laquelle nous devons et les forfaits et les désastres de nos révolutions. Qu'il soit humilié cet être-là, et qu'il sache au moins qu'il est des hommes à qui son effrontée hardiesse n'en imposera pas, à qui son grand principe des *peuples souverains* ne fera pas illusion.

Lui d'abord philosophe ! et lui grand maître en fait de droit public ! Mais où a-t-il donc pris qu'un vrai philosophe soit *d'esprit et de cœur* républicain, plutôt que royaliste ? Ce que la vraie philosophie nous dit, à nous, c'est que le seul gouvernement préférable à tout autre est celui qui contribue le plus au bonheur de la nation qui l'adopta ; c'est que le même gouvernement peut être bon pour l'*Helvétie*, ou les *États-Unis*, ou l'*Angleterre*, et être très-mauvais pour la France, la Russie ou l'Autriche ; c'est encore qu'en cela bien des choses dépendent des localités, des mœurs, du caractère, des rapports des nations entr'elles ; c'est donc aussi qu'il est insensé d'afficher cette préférence d'*esprit et de cœur* pour un gouvernement qui, bon pour certain peuple, peut être détestable pour un autre.

Mais où notre Grégoire se croit grand philosophe, sur-tout grand publiciste, c'est lorsqu'il vient nous dire : « Le mot *souverain*, mal défini » dans nos dictionnaires, ne peut s'appliquer » qu'à la nation, car une nation n'appartient qu'à » elle-même ; la souveraineté est pour elle une » propriété essentielle, inaliénable, et qui ne » peut jamais devenir celle d'un individu, d'une » famille. » — Autant de mots dans ce paragraphe de notre jacobin, autant de preuves d'ignorance et de délire sur l'objet dont il parle ; sur-tout autant de preuves qu'il est encore des lâches et perfides adulateurs de cette multitude qui n'a pas moins sa basse-cour dans les tribuns du peuple, que les despotes et les tyrans, les Tibère et les Néron n'avaient la leur dans de vils sénateurs ou de bas courtisans.....

Le mot souverain mal défini dans nos dictionnaires ! Que n'en donne-t-il donc lui-même la vraie définition, s'il la connaît ! La preuve qu'il l'ignore, est dans ce qu'il se hâte d'ajouter, que le *mot souverain ne peut s'appliquer qu'à la nation ;* car je le défie de trouver un mot dont la vraie définition convienne moins à cette multitude appelée nation ou peuple, que le mot *souverain.*

Même ignorance encore, quand il ajoute : *Car une nation ne peut appartenir qu'à elle-même* ; ou bien, *la souveraineté est une propriété essentielle, inaliénable, etc.* Je le défie encore de trouver le moindre rapport entre la *souveraineté* et ce que l'on appelle *propriété.* Celle-ci est le droit de faire tout ce que je voudrai d'une chose qui m'appartient, pourvu que l'usage que j'en ferai ne nuise à personne. La souveraineté, au contraire, n'est qu'une relation de devoirs et de droits entre le souverain et le peuple ; relation dans laquelle ces *devoirs* et ces *droits* portent tous également sur ce grand principe : *Le salut du peuple est la suprême loi.*

Je vois bien qu'il faut ici que je m'explique pour conduire mon jacobin à cette vraie définition de *souverain* qu'il se plaint de n'avoir pas trouvée dans nos dictionnaires. Il y a plus de vingt ans qu'il pouvait la trouver avec toutes ses preuves, dans une dissertation intitulée *Question nationale.* Je n'en prendrai ici que ce qui doit suffire pour démontrer l'absurdité des assertions de notre jacobin.

Prescindons, puisqu'on le veut, de cette vérité de fait, que Dieu, lors de la première formation des familles en nations, donna lui-même un chef à chacune de ces nations. *In unamquamque gentem præposuit rectorem.* (Eccl., ch. 17, v. 14.) Supposons encore des hommes qui, réduits jusqu'ici à l'état de famille, se trouvent désormais trop nombreux, trop exposés aux désordres d'une multitude d'hommes sans lois, pour ne pas chercher dans un pacte social, dans un gouvernement commun, les moyens d'établir cette autorité protectrice qui assure à chacun la jouissance paisible de sa vie, de ses propriétés et de sa liberté. Le salut général sera évidemment l'objet de l'association qu'ils vont former. Le devoir essentiel du chef, soit individuel, soit collectif, c'est-à-dire, soit monarque, soit sénat, car ils sont encore libres de choisir la forme de ce gouvernement, le devoir essentiel, dis-je, du *chef* qu'ils éliront, sera évidemment de consacrer sa vie et ses soins au maintien du bonheur public. Quant à la forme du gouvernement sous lequel ils veulent se réunir, ils sont encore libres de la déterminer. Mais tout gouvernement exige un chef, une autorité centrale et générale sous laquelle s'exercent toutes les autorités partielles. Ce chef sera individuel, comme il l'est dans toute *monarchie* ; il sera *collectif*, et pourra résider dans un sénat, dans un certain nombre de députés nationaux, suivant la forme de gouvernement désignée par le pacte social. Mais quel qu'il soit, Roi ou Sénat, son *devoir* essentiel, comme le grand et le premier objet de son autorité, sera de consacrer ses soins et ses travaux au maintien du bonheur, du salut de la communauté. Maître encore d'accepter cette charge ou de la refuser, au moins est-il certain qu'il ne deviendra Chef de la chose publique, qu'en s'imposant tous les devoirs que cet honneur suppose.

Ces *devoirs* seront nuls et sans effets, s'il n'a en même temps le *droit* de commander et celui d'être obéi par tous, dans tout ce qui regarde le salut général auquel il se dévoue. Donc le véritable *souverain*, le Chef suprême de tout gouvernement, soit Sénat, soit Monarque, sera *celui qui, avec le devoir de veiller sur toutes les parties du gouvernement, de les diriger toutes vers le salut public, aura en même temps le droit de commander, d'être obéi par tous, dans tout ce qui regarde l'intérêt et le salut public.*

La voilà donc cette définition que notre Jacobin se plaint de n'avoir pas trouvée dans ses

Dictionnaires. Si elle lui déplaît, qu'il veuille bien nous en donner une autre mieux fondée, sur l'objet essentiel, sur la nature même de tout contrat social, de tout gouvernement. Si elle révoltait par hasard son orgueil, qu'il réfléchisse que tous les *droits et les devoirs du peuple* naissent eux-mêmes de ces *devoirs et droits du souverain.* Car au *devoir* qu'aura le souverain de tout diriger vers le salut public, correspond essentiellement le *droit* des peuples de voir le souverain veiller sur leur salut; comme à son *droit* de commander, correspond le *devoir*, l'obligation que contractent les peuples, d'obéir au souverain dans tout ce qui a rapport à la chose publique.

Que notre Jacobin vienne donc à présent nous dire ce que c'est que l'idée d'une *propriété* qu'il a cru voir intimement liée à celle de *souveraineté.* Dans cette *réciprocité de devoirs et de droits*, qui constitue si essentiellement toute autorité exercée par un homme sur d'autres hommes, est-il rien que l'on puisse comparer au droit de propriété, qui ne dit autre chose que la liberté d'user, comme je veux, de ce qui m'appartient.

Que notre Jadobin nous dise sur-tout comment il est possible de marier deux idées aussi disparates que celles de *peuple* et de *souverain.* Où le verrons-nous donc, et quand pourra-t-il existier ce peuple souverain ? Sera-ce *avant*, *pendant* ou *après* le pacte social ? Mais il n'est plus temps de le contester ; la *souveraineté consiste dans la réunion de toutes les autorités*, c'est-à-dire, *de tous les devoirs qu'impose*, *et de tous les droits que confère la nécessité de veiller sur la chose publique* ; or, avant le pacte social il n'y a ni chose publique, ni corps de nation, donc il n'y a aussi ni individu, ni sénat, ni peuple souverain. Tout ce qui existe alors pour cette multitude d'hommes méditant de s'unir en corps de nation, bien loin d'être l'autorité, la souveraineté, n'est pas autre chose que le *besoin* d'une autorité, d'une souveraineté, qui s'établisse, pour les mettre à l'abri des malheurs attachés à une multitude d'hommes vivans sans lois, sans souverain ; besoin qu'ils ont senti, comme un malade sent celui du médecin, ou comme l'équipage d'un vaisseau sent celui d'un pilote. Assurément il est difficile de voir dans ce besoin la chose même.

Arrivons au moment du pacte social ; en quoi consiste encore la souveraineté de cette multitude, en vertu de ce pacte, n'acquérant d'autre droit que celui d'être gouverné par un légitime souverain ; en faveur de ce droit, contractant le devoir de vivre désormais soumise aux mêmes lois, au même chef ?

Après le pacte social il serait trop absurde

de vouloir nous montrer encore le peuple souverain dans cette même multitude d'hommes désormais citoyens, mais qui n'en ont acquis les droits en vertu de ce pacte, qu'en jurant de le maintenir par leur fidélité et leur soumission aux lois et au gouvernement que ce pacte leur donne.

Je veux bien ne rien dire ici de cette autre absurdité qu'il y aurait à vouloir que cette multitude qu'on appelle nation, ce peuple des provinces, des campagnes, des villes, des faubourgs, riches, pauvres, savans, ignorans, magistrats, savetiers, mendians, aient, chacun, pour *devoir*, de veiller pour le salut public, et pour *droit*, de commander, d'être obéis, d'opiner sur tout ce qui intéresse la chose publique.

S'il fallait parcourir encore toutes les erreurs qu'a dictées à notre Jacobin sa folie du peuple souverain, je ne finirais pas; et j'ai bien moins de temps qu'il n'en a eu pour nous donner des Réflexions sur la Constitution *rédigée*, *discutée*, *adoptée en trois jours par le Sénat.* Me préserve le ciel de penser à défendre cette Constitution! Toute longue qu'elle est, j'observe seulement que notre Jacobin, pour un article qu'il en supprimerait, voudrait en ajouter cent autres, tant il a peu d'idées de ce pacte social, qui devant être consenti par tous, doit être nécessairement conçu en très-peu d'articles clairs et précis ; d'abord, parce que sans cela il renfermera bien des choses hors de la portée de cette multitude qui doit pourtant l'entendre, puisqu'elle jure de l'observer ; en second lieu, parce que tout pacte social étant invariable par sa nature même, comme les lois primordiales auxquelles on ne peut rien changer, sans violer les conditions fondamentales de nos sermens, il faudra bien qu'il laisse une grande latitude à ces lois secondaires que les circonstances pourront exiger dans la suite des siècles.

J'ai dit qu'en général tout pacte social est invariable par sa nature même ; et par cela j'entends que l'obligation de le maintenir subsistera tant que les circonstances n'en auront pas rendu le maintien impossible. Je l'ai dit, en opposition avec notre auteur jacobin, qui nous permettra de changer nos constitutions toutes les fois qu'il plaira à son peuple souvrain d'en adopter une nouvelle ; c'est-à-dire, toutes les fois que les tribuns de ce peuple viendront à bout de l'agiter et de le soulever contre le légitime gouvernement, pour nous faire marcher encore de révolutions en révolutions, de forfaits en forfaits, de désastres en désastres. Je l'ai dit, parce que le devoir, la stricte obligation de maintenir nos pactes, croît toujours en raison de leur importance, et qu'il n'est point de pacte plus important que celui auquel sont attachés le repos et l'existence même de la société. C'est à raison de cette importance, que tout pacte social est suivi du serment de le maintenir; serment dont la violation et le mépris supposent l'irréligion et l'immoralité plus habituelle. Qu'est-ce, en effet, que jurer le maintien du pacte social, d'une constitution? C'est prendre Dieu même à témoin de la volonté ferme que nous avons, de la promesse que nous faisons de les observer et de les maintenir fidèlement. C'est vouloir que ce Dieu même soit le garant de nos promesses et qu'il en punisse les transgresseurs. Ce n'est donc pas un jeu que ces sermens. Dès qu'un Dieu les accepte, ils ne dépendent plus des fantaisies ou de la volonté ambulatoire de l'homme, mais de la volonté de ce Dieu même, qui ne changera pas au gré de nos caprices et de tous ceux du peuple souverain.

Appliquons ces réflexions à la prétendue constitution qu'on nous propose; mais abrégeons. Au moment où le sénat décrétait cette constitution, ou bien nous en avions déjà une, ou nous n'en avions point. Si nous en avions une, de quel droit un sénat appelé *conservateur*, devient-il le sénat destructeur de cette constitution? dès l'instant où il la croit détruite, de quel droit se dit-il encore sénat, en effaçant lui-même tous les titres sur lesquels toute la dignité, toute l'autorité de ses membres pouvait être fondée ?

Si nous n'en avions point, de quel droit s'avise-t-il d'en décréter une nouvelle, et d'ajouter que Louis XVIII ne sera reconnu *Roi* de France, qu'à condition qu'il aura juré d'y conformer son gouvernement? Est-ce donc qu'il ignore que tout nouveau pacte social ne peut lier que ceux de nos Français qui auront librement adhéré à un pacte que dans cette circonstance tout individu a le droit d'accepter ou de refuser ; que personne ne peut le forcer d'être membre de la nouvelle société ; que personne même ne peut représenter son consentement, à moins qu'il ne l'ait lui-même clairement exprimé. Et quels sont les Français qui l'ont chargé de proposer à Louis XVIII une pareille condition ? d'ailleurs ignore-t-il que le Roi lui-même n'a pas le droit de nous donner une nouvelle constitution, puisqu'en changeant l'ancienne constitution, le pacte social de nos pères, il détruirait par cela seul ses droits à la couronne?

Non, Louis XVIII même ne peut pas nous donner une nouvelle constitution; il pourra, s'il le veut (ce dont Dieu nous préserve !) renoncer à son titre de Roi de France ; mais la couronne des Bourbons est héréditaire par une constitution qui existe aujourd'hui dans toute sa force ; il ne peut pas priver son digne frère et ses dignes enfans de l'hérédité à laquelle un vrai droit les appelle.

Je prétends qu'elle existe aujourd'hui encore dans toute sa force, cette ancienne constitution; et pourquoi? parce qu'elle n'a pu être abolie que par deux raisons. La première serait dans une vraie prescription; la seconde, dans des circonstances qui l'auraient rendue désormais incompatible avec le bonheur de la nation. Or, ici, quel est l'homme qui pourrait alléguer, comme une vraie prescription, toutes ces années de violences, de forfaits, de désastres, qui, ne pouvant légitimer aucune de nos modernes constitutions, n'ont pu par conséquent produire contre l'ancienne une prescription qui suppose toujours une longue jouissance, paisible et de bonne foi, sans protestation de la part de ceux qui ont leurs droits à soutenir!

Or encore, osera-t-on dire que notre ancienne constitution est incompatible avec le bonheur d'une nation qui la redemande de toutes ses provinces comme le seul remède à tous les désastres de ses révolutions?

Elle est, d'ailleurs, si simple, cette ancienne constitution! une couronne héréditaire de mâle en mâle; un souverain gouvernant d'après la volonté constante et connue de la loi; souverain absolu, parce qu'il peut tout ce que peut la loi; souverain en cela très-distinct du despote qui ne suit que sa volonté et ses caprices du moment. Telles sont toutes les bases de ce pacte, de ces lois primordiales, d'une constitution qui laisse d'ailleurs au souverain tout le devoir de ne porter les lois secondaires qu'en employant tous les moyens requis pour s'assurer qu'elles seront conformes aux besoins et au bonheur de la nation, constitution aussi sage que simple, puisqu'en laissant aux circonstances les moyens d'assurer la justice de ces lois secondaires, elle a produit les codes si justement admirés, d'un Charlemagne, d'un Saint Louis, d'un Louis XIV.

Que l'autorité conférée au souverain par cette constitution, ait cessé *de fait* pendant nos désastreuses révolutions, c'est malheureusement une vérité trop évidente; mais tous ces longs obstacles n'ont pas détruit l'autorité *de droit*. Ces obstacles levés, la constitution, les devoirs, les droits du souverain, les droits et les devoirs du peuple, les obligations de nos anciens sermens, tout renaît à-la-fois : car il en est évidemment ici, comme de toute dette que vous vous trouvez, pour un temps, dans l'impossibilité d'acquitter, mais à laquelle vous ne devez pas moins satisfaire dès que vous le pourrez.

Concluons : Le sénat peut bien avoir fait un acte de prudence, en proclamant Bonaparte déchu du trône qu'il avait usurpé, parce que cette déclaration était peut-être nécessaire pour détacher la partie du peuple la moins instruite, du parti de cet usurpateur ; mais il aurait mieux fait de déclarer que tous les sermens faits à l'étrange despote n'étant légitimés que par l'impossibilité d'obéir au souverain de *droit*, c'était un vrai *devoir* pour nous de revenir à l'ancienne constitution et à l'ancienne famille de nos rois.

Cette conclusion me dispense de tout ce qui me resterait à dire, et sur la constitution qu'on a osé nous proposer, et sur l'occasion qu'elle a fournie à l'homme qui n'en a profité que pour répandre de nouveau tous les principes de son jacobinisme. On me dira peut-être qu'il était déjà trop bien connu, cet homme, par la conduite qu'il a tenue dans nos révolutions ; que l'on savait trop bien, entr'autres, combien peu il lui convenait de nous parler de certains prédicateurs, ou de certains évêques, à lui, qui avait si bien su se tourner, se retourner, suivant les circonstances ; à lui, qui, dans la chaire évangélique, le jour même du sacre de l'intrus de Versailles, n'avait pas rougi de parler une heure entière contre ses anciens et légitimes souverains ; à lui qui devait bien plus travailler à nous faire oublier sa personne même, qu'à nous rappeler cette monstrueuse pastorale, dans laquelle il se glorifiait *du jour où* il avait *abjuré le régime exécrable de la royauté*, c'est-à dire le régime établi par Dieu même dans Israël et dans Juda.

Je le sais, ce n'est pas l'autorité de cet homme qui devrait faire grande impression sur le public ; mais quelqu'impure que soit la bouche qui, après avoir vomi tant de blasphêmes contre la royauté, vient encore répandre les principes qui ont été la source de nos désastreuses révolutions, il était bon, peut-être même nécessaire de lui prouver qu'à toute son étonnante audace on peut opposer la raison.

L'Abbé BARRUEL.

www.ingramcontent.com/pod-product-compliance
Ingram Content Group UK Ltd.
Pitfield, Milton Keynes, MK11 3LW, UK
UKHW012133240726
13965UKWH00005B/2160